STEFAN WAIDELICH | NIKHILA ANIL

因为
老虎不是猴子!

因为老虎不是猴子!

版本说明：

作者：Stefan Waidelich
插图：Nikhila Anil

编辑：Sabine Schurr
翻译：蔡佳佳, Daniel Graf

国际标准书号：
978-3-98661-076-0

2022年2月第1版
© 2020 Stefan Waidelich Zeisigweg 6, 72213 Altensteig
印刷厂：Amazon Media EU S.á r.l., 5 Rue Plaetis, L-2338, Luxembourg

封面图：插图 Nikhila Anil © Stefan Waidelich

为了艾玛、
塞缪尔和苏菲

"今天你们将得到一些任务"，河马女士愉快地说道，并亲切地看着教室里它的学生们，"这次的任务非常特别，因为你们将一起判断谁在每项任务中做得最好。"

小动物们兴奋地看着对方。每个小动物都坚信自己是最棒的。

只有小老虎塞缪尔一动不动。它一个人坐在教室的角落里，心里有点害怕和担心。它不确定自己是否真的擅长做什么。

　　河马女士首先带领全班小动物来到森林边缘的一棵大树下。

　　"好了，现在请大家排好队！"它指着那棵非常高大的树说："你们的第一个任务是以最快的速度爬到树上，用你们的尾巴缠在树枝上，然后让你们的身体倒挂下来！"

　　除了小猴姑娘苏菲外，其他的小动物们都在叹气。小猴姑娘苏菲高兴地咧开嘴笑着，激动地对老师说："请让我先爬树吧！"

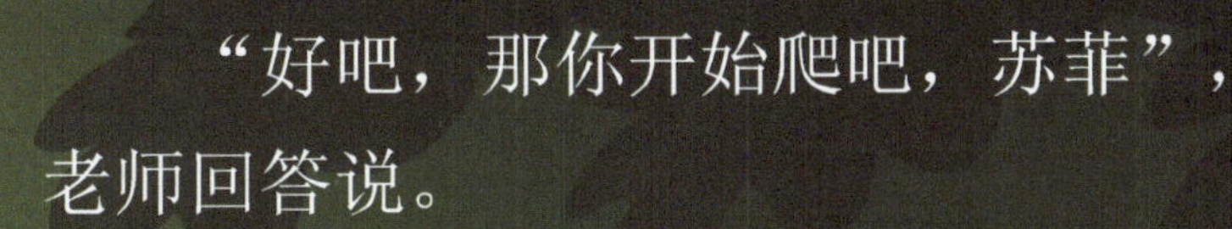

　　"好吧，那你开始爬吧，苏菲"，老师回答说。

　　苏菲毫不费力地爬到了树上。它把尾巴缠绕在最高的树枝上，身体倒挂下来，并高兴地向其他小动物们招手。

　　"接下来该你们啦！看看你们能不能比我做得更好！"它笑着喊道。

但是其他动物既不能爬树，也不能用尾巴缠在树枝上。

鱼儿弗雷德抱怨说，不在水里的话它根本不能呼吸，因此更不能爬树了。

小象埃里克试图用它的象鼻够到最高的树枝，但河马女士说那不是爬树。埃里克难过地小声嘀咕道：如果用尾巴挂在树上，那么它那小小

的尾巴永远也无法承受它那庞大的身体的重量。

狗狗洛基爬到了一根低矮的树枝上。但当它试图用尾巴挂在树枝上时，它失败了，并且狠狠地从树上摔了下来！狗天生不能像猴子那样卷尾巴。

小鸡贝尔塔和小鸟芬奇根本不会爬树。因此，它们试图飞上高高的树枝，但是老师告诉它们应该爬上树，而不是飞到树上。

　　最后，轮到小老虎塞缪尔了。它以最快的速度跑向那棵树。奋力一跳之后，小老虎真的用前爪抱住了树干，并用爪子牢牢地抓在树干上，但随后它又一路滑了下去。当它"扑通"一声掉在地上时，看起来很滑稽。

　　其他小动物们大声地笑了起来，塞缪尔难过地低下了头。

"好了，亲爱的同学们。谁在第一次测试中表现最好？"河马女士最后问道。

孩子们齐声喊道："苏菲！"同时高兴地拍起手来。

"那这是为什么呢？"老师现在想知道。

　　没有人知道该怎么回答。但是，这个时候小象
埃里克突然说：“苏菲生来就有爬树和挂在树枝上
所需要的一切。这是它独特的天赋。”
　　大家都知道，大象是
非常聪明的。

　　“非常好，埃里克！”老师表扬道，“现在我们
去湖边完成下一个任务吧。”
　　除了小老虎塞缪尔外，其他小动物们都兴奋地期
待着下一个任务。塞缪尔害怕这次又比其他小动物们
做的差，被它们嘲笑。
　　来到湖边，河马女士向小动物们展示了一个宝箱
的图片，说道：“你们的第二个任务是找到湖底的这
个宝箱，然后告诉我箱子里面是什么东西。”

鱼儿弗雷德立即跳入水中，在湖底上方游来游去，感觉就像在自己的家里一样。它对这里的情况了如指掌。

小象埃里克想出了一个聪明的点子，它想用它的象鼻把湖水吸干，这样它就能更好地看到宝箱里的东西了。但是河马女士笑着对埃里克说这样做不公平。所以埃里克只能放弃了，它只是沿着湖走，试图用它的象鼻去探索宝藏。

小狗洛基跳进了湖里，兴奋地在湖里划来划去。

小鸡贝尔塔一摇一摆地走入水中，这让所有的小动物都感到非常惊讶。是的，鸡会游泳！贝尔塔不确

定自己能不能像鸭子一样把头伸进水里，但它不介意试一试。

　　小鸟芬奇和小猴苏菲在湖边说着悄悄话。大家都知道：苏菲害怕水。但很快，小鸟芬奇跳到了小猴苏菲的肩膀上，尽管小猴苏菲害怕水，但它还是勇敢地划了过去。小鸟芬奇在水中寻找宝藏的同时一次又一次地鼓励小猴。它们俩真是一个好团队呀！

　　最后只剩下小老虎塞缪尔了。它甚至有点兴奋，因为它知道自己是个游泳健将，但是它不喜欢把脸浸在水里。它毕竟是一只猫呀！

　　小动物们一个接一个的找到了湖底的宝箱，但是除了小鱼弗雷德，没有一个小动物能看到里面的东西。弗雷德从一个开口处往里面看，认出了箱子里是金币。老师祝贺它的学生们，然后再次问道："这次的任务谁完成的最好？"

　　小动物们一致认为小鱼弗雷德完成的最好。毕竟，它是一条鱼，它从出生起就拥有了在水里生存所需要的一切。

　　但埃里克突然说："等一下。是的，弗雷德生来就有在水里生存所需的一切。但也许这项任务有更深

的意义，而不仅仅是找出谁天生就有在水里生存的天赋。就像宝藏藏在湖的最深处一样，我们的天赋也可能被藏在深处，需要我们好好地进行思考和去发现。"

　　小动物们对埃里克的聪明的回答感到惊讶和赞叹。有些小动物甚至不明白埃里克说的这些话的意思。

　　"那么，在这个测试中，谁的成绩也非常好？"老师又问道。

　　洛基兴奋地吠叫："苏菲和芬奇！因为它们一起合作，找到了宝藏！"你肯定知道，狗也是非常聪明的。

　　老师微笑着说："我想说，你们今天都学到了很多东西。"

　　当塞缪尔从学校回家后，它非常的难过和失望。它把今天测试的事告诉了它的爸爸妈妈，并说："我太差劲了！"

　　"妈妈，你应该看看苏菲。它真的是一个攀爬天才。而我却没有这样的才能。"说着说着，眼泪在塞缪尔的眼睛里打转。

　　它的妈妈把它搂在怀里，对它说道："没事的，别难过，塞缪尔--因为老虎不是猴子！"塞缪尔疑惑地看着它的妈妈。

　　"是的，塞缪尔，只是这些任务正好没用上你的特长和天赋。"它的爸爸补充说道。

　　但是塞缪尔不知道什么时候能有个测试正好能用上它的特长和天赋。它甚至不知道自己是否能像苏菲或弗雷德那样做好一件事。

第二天，当河马女士在教室里给小动物们上课时，外面忽然传来喊叫声：
"着火了！着火了！"

班里的小动物们惊恐地向窗外
看去。窗户外面，一些学生疯狂地
奔跑，而另一些则被吓得无法动
弹。很显然，它们都有危险！

塞缪尔立即想出了一个好主意，
它知道班级里的小动物们该怎么帮
忙，因为它知道班上所有小动物们的

天赋和特长。"快"，它不假思索地
喊道，"大家快到这里来听我说，我
知道我们该怎么做！"

"埃里克，你用你的象鼻把
水喷到上，把火扑灭。"

"弗雷德！你沿着湖岸游去，告诉大
家到安全的地方去。"

"洛基和我跑去救其他人。贝尔塔和芬奇，你们
飞到天上，在我们从地面上看不到的地方转一圈，这
样我们就能找到在地面上看不到的同学们。"

"苏菲，你爬到树上，把鸟窝里的小鸟宝宝们
带到安全的地方去。"

当塞缪尔带领一大群受惊的动物离开
森林到安全地带时，它听到弗雷德在呼
救。很快，小老虎跑到湖边，它看到一块
大石头挡住了水中四只鸭子的唯一出路。
它们被困住了，大火正朝它们烧过来！

塞缪尔以最快的速度游过去。它使出了很大的力气试图把石头挪开，最后它成功了，鸭子们嘎嘎的对塞缪尔说了谢谢。松了口气的鸭子们游到了远离火的安全的地方。

　　塞缪尔又跑向森林。在那儿，小鸡贝尔塔气喘吁吁地告诉它，其他动物因为被火吓到了，迷失了方向，现在正绕着圈子跑。

　　当塞缪尔听到小鸡贝尔塔描述的森林里的混乱

景象后，它站在场地中央，发出了响亮的虎吼声。声音大到整个森林的小动物们都能听到。这里一下子就安静了下来。

"我们正在努力帮你们！"勇敢的老虎用强有力的声音喊道，"现在，请你们跟随贝尔塔和其他人，它们会带你们到安全的地方去。"

晚上，当塞缪尔回到家时，它累坏了。它睡眼惺忪地告诉它的爸爸妈妈今天在学校里发生了什么，还有它和它们班的同学们是如何救其他小动物们的。今天，小老虎塞缪尔很高兴，因为它意识到，在关键时刻它是勇敢的，在必要时它可以大声咆哮，在有其他小动物需要它帮助时，它是足够强大并可以帮助其他小动物们的。因为这是一只老虎擅长的。

这天晚上，塞缪尔脸上带着微笑进入了甜美的梦乡。现在它终于知道自己独特的天赋和才能是什么了。这是它与生俱来的天赋，但是这个天赋藏的比湖中的宝箱更深！

第二天，全班小动物们在一间没有被烧毁的教室里集合，老师宣布今天不上课，而是帮助重建学校。

“但首先我想说一说昨天的事。昨天的那场火虽然不是任何一个老师计划的，但却是最大的考验。所以我要感谢你们，谢谢你们用你们的天赋和才能救了大家。”河马女士说道。

全班小动物们拍手欢呼。

“有时候，我们只有在紧急情况下需要用到我们的才能时才会发现自己的才能。”河马女士赞赏地补充道。

"昨天，当我们遇到危险时，塞缪尔向大家展示了如何使用它的天赋和才能—它的勇气和力量。埃里克扑灭了火。弗雷德把水中的鱼带到了安全地带，洛基、芬奇和贝尔塔帮助陆地上的动物逃离火灾。苏菲把小鸟宝宝们从鸟巢里救了出来。"

　　老师每说一个名字时，全班都一起欢呼。

　　最后，所有小动物们都看着塞缪尔，它们站了起来，更加大声地欢呼着。

　　"塞缪尔表现出了令人难以置信的勇气，"老师说，"它引导大家，消除了大家的恐惧，并树立了一个好的榜样。塞缪尔有能力成为一个伟大的领导者！"

"你们要记住，你们都有自己独特的天赋和才能，都是独一无二的。当适当的机会来到时，你们的天赋就会显现出来。"

老师看了看塞缪尔，笑了笑，然后说："好了，你们都准备好开始工作了吗？"

"**是的！**" 小动物们激动地回答。

于是，小动物们开始工作了，利用它们独特的天赋和才能去重建学校。

"每个人都是一个天才。
但是，如果以是否能爬树来作为标准去判断
一条鱼是否有天赋，
那么，这条鱼这辈子都会觉得自己很笨。"

-不知名的作者-

亲爱的小天才，

也许你就像小老虎塞缪尔一样，还不知道自己的天赋和特长是什么。也许你的天赋和特长仍然没有被发现，以至于你觉得自己比别人差。但总有一天，你会发现你的天赋和特长的。在那之前，不要和其他人比较。相信我，我们都有自己独特的天赋和才能！你是独一无二的，这是件好事！如果没有你，这个世界就会缺少一个很重要的人。

感谢你阅读了这本书！

你喜欢这本书吗？如果你喜欢这本书，那么请你帮助我们传播这样的信息：每个人都是有独特的天赋和才能，是独一无二的。你可以通过在社交平台上发帖和在各大网络平台上评论这本书来支持我们。这本书也可以作为一件非常好的礼物来鼓励别人。

我衷心的感谢你。也许有一天我们会见面！我很期待我们的相遇。祝你一切顺利，并且早日发现自己的天赋和才能。

祝好，
Stefan Waidelich

作者：

Stefan Waidelich

是一位教师，他和一只猫、六只鸡，还有他的家人一起生活在黑森林，他喜欢故事、运动、上帝和香草冰激凌。作为一名数学教师，他认为生活的真谛并不在于精通所有事情，也不在于精通很多事情，而是在于去发现你的天赋，并好好地利用它去做好能做好的每一件事情。

插画师：

Nikhila Anil 居住在班加罗尔（印度），儿童书插画家不仅是她的职业，更是她的热爱。她是一个小男孩的母亲，她的儿子喜欢恐龙。她的小花园里有许多鲜花作为装饰。Nikhila喜欢热可可和艺术。没有什么比大自然更能激发她的灵感了。